Cuentan mis Estrellas

Patricia Bossano

WaterBearer Press

Editado por: Virginia Cinquegrani, CABA, Argentina
Diseño de interior y cubierta — Patricia Bossano. Imágenes de licencia estándar de AdobeStock.

Library of Congress Control Number: 2023913482

Publicado en los Estados Unidos por:
WaterBearer Press, septiembre 2023.
www.WaterBearerPress.com

Tapa dura: ISBN 978-1-7325093-9-9
Libro electrónico: ISBN 979-8-9859699-3-1

Al correo de las brujas y los brujitos:
May we live on and prosper.

Bienvenida sea la nueva generación de estrellitas y rayitos de sol: Clara, Henry, Samuel y el más chiquitito, Rory James, que llega al regazo de nuestra maravillosa familia en noviembre del 2023.

Cuenten con que siempre los impulsaremos a soñar y a creer en los mágicos latidos de sus corazones.

DICEN LOS SABIOS...

que diferentes constelaciones presiden el firmamento todos los días y noches del año y que, cuando entramos a este mundo, la constelación regente del momento derrama su magia celeste sobre cada nuevo ser.

Tu corazón recién nacido esconde muchas verdades cósmicas y, si estás pendiente del cielo nocturno, el brillo de una estrella fugaz o la cola de un cometa te mostrarán el rasgo estelar que te hace ser tú.

Estaba escrito en las estrellas, hace mucho tiempo, que serías independiente, cariñosa, imaginativa, emprendedora, valiente, decidido, generoso, inquisitivo, optimista y mucho más.

las estrellas no mienten.

Aries
El carnero

21 de marzo al 20 de abril
Planeta Regente: Marte
Elemento: fuego
Color: rojo

Enfrento obstáculos
uno tras otro
porque así lo debo hacer.

No importa cuantos sean.
¡Nunca me rendiré!,
pues cada barrera salvada
es otra experiencia anotada.

Tauro
El toro

21 de abril al 21 de mayo
Planeta Regente: Venus
Elemento: tierra
Color: azul y verde oscuro

Soy un pequeño toro,
resuelto y poderoso,
pero quiero que sepas mi secreto,
y es que también soy amoroso.

Si pones atención,
verás que despacito, pero muy a la segura,
logro todas mis metas, porque, para mí,
eso es aventura.

Géminis
Los gemelos

22 de mayo al 21 de junio
Planeta Regente: Mercurio
Elemento: aire
Color: amarillo

Todo lo que nos rodea,
siempre está cambiando;
tú y yo, también.

Juntitos de la mano, demos un paseo,
pues en risueño parloteo
será mucho lo que veremos
y apuesto que nos va a encantar.

Cáncer
El cangrejo

22 de junio al 22 de julio
Planeta Regente: La Luna
Elemento: agua
Color: violeta y blanco

Soy como el cangrejo que, a veces,
se esconde bajo la dura coraza
que resguarda sus sueños.

Siento que tú lo entiendes,
por eso somos amigos
y, en mi mundo mágico,
siempre serás bienvenido.

Leo
El león

23 de julio al 23 de agosto
Planeta Regente: El Sol
Elemento: fuego
Color: oro

¡Soy el rey o la reina de la selva!

Pero hasta los reyes
necesitamos amor y admiración.

Si todos los días me regalas
cariño por galones y sonrisas por barriles,
siempre tendrás mi protección.

Virgo
La virgen

24 de agosto al 22 de septiembre
Planeta Regente: Mercurio
Elemento: tierra
Color: verde y café

Me gusta acomodar, arreglar
y decirte qué hacer.

Me encanta que mi ropa y mis zapatos
siempre luzcan bien;
solo así me siento organizada
y no es por pura coincidencia
que todo me sale bien.

Libra
La balanza

23 de septiembre al 22 de octubre
Planeta Regente: Venus
Elemento: aire
Color: índigo

No me apures, por favor,
que el sabor mal escogido de un helado
me pone de mal humor.

Debo examinarlo todo
y, solo después, seleccionar.

Si demoro demasiado,
tú respira hondo que, con una opinión,
seguro iluminas la mejor elección.

Escorpio
El escorpión

23 de octubre al 21 de noviembre
Planeta Regente: Plutón
Elemento: agua
Color: púrpura y rojo

Mis sonrisas son escasas
y por eso valen más que el oro,
pero dentro, muy muy dentro,
guardo un tesoro.

Cuando estoy serio, es porque
tengo mucho que pensar,
pero, si me lo pides de corazón,
te lo puedo contar.

Sagitario
El arquero

22 de noviembre al 21 de diciembre
Planeta Regente: Júpiter
Elemento: fuego
Color: bronce

Tengo miles de ideas
y me fascina soñar.

Pienso en la serena vida de los árboles,
pero, de repente, quiero volar.

Imagino ser ese caballo que cada noche
se arropa en una sedosa telaraña,
y amo a mi madre naturaleza,
pues solo aquí se aplaude toda maña.

Capricornio
La cabra

22 de diciembre al 20 de enero
Planeta Regente: Saturno
Elemento: tierra
Color: café-anaranjado

Puede que no sea osado,
pero mis ideas son majestuosas.

Solo pido un cachito de tu amor
y que, por favor, no apagues mi llama.

Si no dudas de mí por la tarde,
verás que, en la mañana,
sí o sí,
manifiesto un nuevo y radiante panorama.

Acuario

El cargador de agua

21 de enero al 19 de febrero
Planeta Regente: Urano
Elemento: aire
Color: azul eléctrico y
todo el arco iris

Si te parece que estoy distraída,
de verdad, no te vayas a preocupar,
pues las invenciones que relumbran a lo lejos
siempre me ponen a soñar.

Confieso que vivo en el futuro,
así es como yo soy,
pero te quiero mucho mucho
y mi lealtad y comprensión te las doy.

Piscis
El pez

20 de febrero al 20 de marzo
Planeta Regente: Neptuno
Elemento: agua
Color: malva, violeta y
aguamarina

Sí. Tal vez ahora estoy de mal humor,
pero, si me miras a los ojos,
verás mi cariño inmenso
siempre ahí presente.

Como peces en el océano,
mis sentimientos nacen desde muy dentro;
por eso pido que tu amor por mí
siempre sea tu centro.

PATRICIA BOSSANO

galardonada prosista de ficciones filosóficas,
literatura artesanal y merodeos sobrenaturales, sin IA.

Patricia reside en California con su familia
y allí compone sus obras.

También de Patricia Bossano:

Faery Sight

Cradle Gift
(próximamente en español)

Nahia

Seven Ghostly Spins: a brush with the supernatural

Love & Homegrown Magic

Entre Duendes Y Ratones

Herencia Encantada

Apreciado lector: las reseñas son la mejor manera de agradecer a un autor por los meses y, a veces, años de esfuerzo invertidos en la composición de un escape literario.

Si disfrutó de esta obra, por favor, deje su reseña en el punto de compra, o en:

www.WaterBearerPress.com

Cuentan mis Estrellas

que mucho hay de cierto en las constelaciones y mucha es la magia en el resplandor de una estrella fugaz, tanto así que, al centellear, iluminan verdades cósmicas ocultas en cada corazón.

Publicado en los Estados Unidos
por WaterBearer Press
septiembre 2023

WaterBearer
PRESS